Guerilla SEO

Christian Schmid / André Boeck

GUERILLA SEO

Christian Schmid / André Boeck

Erstauflage (2015)
Verlag: Christian Schmid, Lütticher Str. 42, 50674 Köln
Umschlaggestaltung: ABPHOTO.de

Printed in Germany by Amazon Distribution GmbH, Leipzig

ISBN-13: 978-1505488005
ISBN-10: 1505488001

„Ein guter Plan passt auf einen Bierdeckel."

Christian und André

Inhaltsverzeichnis

Kapitel 7
Wie alt ist deine Domain, Alter?
Keywörter: Domainkauf

Kapitel 8
Fakten für Verbraucher: Die Quintessenz

Einleitung
GrillJa Taktiken

Alles begann an einem lauen Sommerabend. Jonas hatte den Grill im Kleinstgarten vor dem Haus angeworfen und Nachbarn und Freunde kamen spontan oder geplant vorbei. Wir grillten Soja-Würstchen, Bio-Würstchen und Ja-Würstchen. Wir tranken das lokale, obergärige Bier und plauderten. An diesem Juli-Abend also – André aß die Biofleischwürstchen und ich die Fleischersatzwürstchen – sprachen wir zum ersten Mal über das Thema SEO (Abkürzung für: Search Engine Optimisation). Da war es also, das magische Akronym. Beliebte Assoziationen: Schwindelerregender Erfolg im Internet! David gegen Googliath! Muss man machen! Braucht kein Mensch! Sowieso alles Betrüger! So in etwa las sich auch das Spektrum der Kommentare unserer Mitgriller.

André und ich sind Freiberufler mit eigenem Webauftritt. Wir sind beide darauf aus, mehr Leute für unsere Seite und unsere Dienstleistung zu interessieren. Wer ist das nicht? Nun verbringt André seit ein paar Monaten seine Wochenenden mit SEO – im Hauptberuf ist er „ein visueller Mensch“. Seit einiger Zeit also liest er PDFs, quält sich durch Foren und spielt mit SEO-Tools. Ich selber habe auch schon den einen oder anderen „Trick“ ausprobiert. Wahrscheinlich immer viel zu spontan und sporadisch, sodass ich nie ernsthafte Erfolge verbuchen konnte. Meistens dümpelt meine Platzierung in einer ähnlichen Region herum. Welche SEO-Aktion gerockt hat, kann ich selten benennen. André geht es ähnlich. Jemand in der Runde meint: „Ach, SEO, das bringt nur etwas, wenn du einen Profi schrauben lässt. Das selber zu machen, ist doch witzlos. Das ist ein Wettrennen zwischen Hase und Igel."

Diese Sätze hallen nach. Sie klingen wie eine Aufforderung zum Duell. Sicher, ein Teil von mir sieht das auch so, ein anderer Teil aber hält das für eine verkappte Ausrede. Eine Rationalisierung mit dem Ziel, das qualvolle Thema Akquise zu umschiffen. Denn wenn es darum geht, Akquise zu vermeiden, sind wir Kreativen wahnsinnig kreativ – und fatalistisch. Ein beliebter Spruch: „Ich hab' das (einmal) probiert, das bringt doch sowieso nix!"

Am nächsten Tag rufe ich André an und wir treffen uns auf einen Milchkaffee am Szene-Kiosk: „Meinst du, man kann als Freiberufler nach dem Do-it-Yourself-Prinzip wirklich etwas erreichen oder ist das für den Ar***?" André druckst rum und erzählt mir dann diese Anekdote: Vor einigen Jahren rief ihn eine SEO-Agentur an, die ihm vollmundig versprach, seine Website „nach vorne zu bringen". Er hatte sich auftragshungrig darauf eingelassen. Die „Performance" seiner Website war mangelhaft. Obwohl die Agentur offenbar fleißig an seiner

Website rumschraubte, konnte er keinen nachhaltigen Erfolg sehen. Von Seiten der Agentur hieß es: „Tja, wenn es richtig wummern soll, dann müssen Sie schon 1.000 Euro in die Hand nehmen." Im Monat, sollte man dazuschreiben. Welcher Freiberufler kann sich das über eine lange Zeit leisten? Die Antwort des rhetorisch kundigen Verkäufers: „Welcher Freiberufler kann es sich leisten, keine neuen Aufträge zu bekommen."

Okay, das klingt erst mal deprimierend. Ich taste mich weiter vor: „Wie wäre es, es mal auf eigene Faust zu probieren? Du tauchst da richtig ein und ich schreibe darüber?" André: „Hm, es wäre eigentlich einen Versuch wert. So als wallraffigen Selbstversuch. Ich habe momentan ohnehin nicht viele Aufträge, da kann ich mich da mal reinhängen." Von dieser fixen Idee geradezu angefixt, kritzeln wir eine grobe Ideenskizze auf einen Bierdeckel.

TRÜB
Bier
S E O
SELBER ERFOLG-REICH OPTIMIEREN
EBOOK
BUCHBUCH
PLATZ 1
Gebraut nach dem
deutschen Reinheitsgebot

SEO-Agentur

Dies sind Andrés Erfahrungen mit SEO-Agenturen. „Das Angebot der einen SEO-Agentur las sich so: Für 4.000 Euro würde eine drastische Suchmaschinenergebnisverbesserung (33 Buchstaben hat dieses Wort!) erreicht. Konkret: Seine Website sollte bei den relevanten Suchbegriffen mindestens die Position sechs bei Google erreichen. Als Anzahlung musste ich 2.000 Euro (plus MwSt.) berappen, die restlichen 2.000 Euro würden erst bei Erfolg fällig. Der Erfolg blieb seltsamerweise aus. Mir drängte sich der Gedanke auf, dass die zweite Rate für den Anbieter nicht wirklich interessant war – wahrscheinlich konzentrierte sich die Marketingstrategie dieser Agentur auf die Neukundengewinnung. Die andere Spielart der SEO-Akquise war folgende: Regelmäßige Suchmaschinenoptimierung für „nur“ 40 Euro im Monat. Zitat des Agenturmitarbeiters: „Das werden Sie ja wohl aufbringen können als erfolgsorientierter Unternehmer.“ Auch hier war der Erfolg mager. Über einen Zeitraum von 24 Monaten ist meine Website im Ranking langsam aber sicher... abgefallen!

Kapitel 1
To-Do- oder Not-To-Do-Liste

SEO !!

Hinweis: Manche Begriffe und Zusammenhänge können beim ersten Lesen noch verwirren. Keine Sorge, alle wichtigen Vokabeln werden im Verlauf der Geschichte erklärt und für die meisten findet ihr auch weiterführende Infos oder Grafiken.

Eine Woche später treffe ich André in einem urbanen Café. Er steckt gerade in der Nachbearbeitung eines Shootings, hat viereckige Augen. Die Auftragslage für die nächsten Wochen ist, wie so oft, ausbaufähig und die Lust auf ein spannendes Projekt ohne Deadline spürbar. „Wie sollen wir vorgehen? Ich dachte, es wäre vielleicht gut, erst einmal zu schauen, was im Internet zu dem Thema verbreitet wird. Da hast du doch einen Überblick, oder?“ André nickt: „Wir könnten eine To-Do-Liste mit oft propagierten SEO-Tipps machen und diese Punkt für Punkt abarbeiten und schauen, was passiert.“ Gute Idee. „Dann nehmen wir einfach eine meiner Websites als Versuchskaninchen. Ich hab’ ja mehrere.“ Wir verabreden uns für den nächsten Tag. Auf einem Zettel hatte André seine SEO-Hitparade aufgeschrieben.

Hinweis: Keine Angst, ich hatte genauso viele Fragen zu dieser Liste wie euch wahrscheinlich auch gleich durch den Kopf schießen. Andrés Antworten auf diese Fragen findet ihr weiter unten in diesem Kapitel.

1. Meine „Wunsch-Keywörter“ bei Google eingeben und Top-Platzierungen notieren.
2. Websites der direkten, „gutrankenden“ Mitbewerber analysieren.
3. Welche Seitenstruktur haben die Websites der erfolgreichen Mitstreiter?
4. Verwende ich meine Wunsch-Keywörter schon hinreichend in meinen eigenen Texten und in der Seitenstruktur?
5. Wo lande ich selber mit diesen Keywörtern bei Google?
6. Alle meine Texte Keyword-optimieren.
7. Seitenstruktur verbessern. Dateinamen, Seitennamen etc. sollten Keywörter enthalten!
8. Wo sind die Mitbewerber verlinkt?
9. Meine Seite bei den gleichen Linkquellen verlinken!
10. Artikel schreiben und in Artikelverzeichnissen unterbringen.

1-7 sind Ideen zur sogenannten Onpage-Optimierung. 8-10 helfen bei der sogenannten Offpage-Optimierung. Strenger gesehen gehört zu einer Onpage-Optimierung noch mehr: So kann es beispielsweise sein, dass die Organisation der Website selber – zum Beispiel im Hinblick auf die Aktualität eines Templates – überarbeitet werden sollte. Diesen Bereich ignorieren wir in unserem Buch ganz bewusst, weil wir die Erfahrung machen, dass eine gute CMS-Software wie Wordpress diese Dinge für einen übernimmt. Mehr dazu im Kapitel 4 in der Infobox.

Viele der Punkte auf dieser Liste hatte ich beim Surfen auch schon aufgeschnappt. Bei manchen Thesen wollte ich nachhaken. „Was genau meint denn gutgerankt bei Punkt 2?“ Ich lerne, dass es organische Suchergebnisse gibt und dass diese für uns die relevanten sind. Oben und rechts auf der Ergebnisseite stehen nämlich auch die Anzeigen von GoogleAds. Diese Ergebnisse sind nicht organisch, sondern gekauft und wir wollen sie ausklammern. Gutgerankt (für unsere Analyse) sind also je nach Umfeld die ersten drei oder auch die ersten fünf „Treffer“, die ich nach dem Eintippen der entsprechenden Keywords (z.B.: „Yoga Berlin“) ausgespuckt bekomme. Gutgerankt für unseren eigenen Geschmack (und wohl auch für die meisten Suchenden) ist eine Platzierung unter den ersten zehn Plätzen – also die komplette Seite 1, wenn ich davon ausgehe, dass ich die Standardeinstellungen der Suchmaschine übernommen habe und mir pro Seite 10 Suchergebnisse angezeigt werden. Je nach Ausgangsposition und Konkurrenzsituation kann auch eine Platzierung auf Seite 2 bei Google als veritabler Erfolg interpretiert werden.

Noch mal einen Schritt zurück zu Punkt 1, den Wunsch-Keywörtern. Den Punkt hätte ich gerne etwas griffiger. „Nehmen wir an, dass Du

Fotograf in Düsseldorf bist. Was passiert, wenn ich bei Google eingebe: *Fotograf Düsseldorf.* Wer erscheint dann auf der ersten Seite? Was passiert, wenn ich Variationen wie zum Beispiel *Fotografie Düsseldorf* oder *Fotoshooting Düsseldorf* eingebe? Wen sehen wir nun auf der Seite 1 bei Google? Sind es die gleichen Anbieter oder ist vielleicht eine Webseite, die vorher auf Platz 6 war, nun auf Platz 2? Die Webseite mit dem besten Gesamtergebnis würde ich mir als allerersten für meine Analyse vorknöpfen. In der Regel schaue ich mir auch noch die nächsten zwei bis drei Mitbewerber an."

„Und Punkt 3, die Seitenstruktur? Was hat es damit auf sich?" André: „Na ja, da geht es um die Architektur der Website. Wie viele einzelne Seiten hat sie? Gibt es für jedes Thema eine eigene Unterseite, die themenorientiert betitelt ist? Eine Unterseite, die im Menü und als Seitentitel unter dem Begriff *Zusatzleistungen* läuft, ist nicht so stark wie eine Seite, die auf *Manuelle Therapie* hört. *Zusatzleistungen* ist so generisch, dass es niemand ernsthaft bei Google eingeben wird. Was noch? Sind auf der Website für den Leser hilfreiche interne und externe Verlinkungen untergebracht? Schenkt die Website dem Besucher einen informativen oder emotionalen Mehrwert? Wenn wir bei unserem Düsseldorfer Fotografen bleiben: Liefert er auch noch Ansichten und Einsichten zum Thema

Fotografie, die über die platte Darstellung der eigenen Dienstleistung hinausgehen? Vielleicht Erfahrungsberichte über seine Fotokameras oder ein Essay darüber, wie man gute Fotos mit dem Smartphone knipst? Oder einen Artikel über die analoge Fotografie und ihren unzerstörbaren Charme."

Ich nehme die To-Do-Liste noch einmal zur Hand. „Dann sind die ersten sieben Punkte also alles Justierungen, die ich auf meiner Website vornehmen kann, ohne auf Dritte angewiesen zu sein?" André nickt: „Genau, das ist alles Onpage. Das scheint die Grundlage zu sein. Alleine schon für den menschlichen Leser ist eine einfache, saubere Struktur hilfreich. Keiner möchte auf Websites lange nach den relevanten Informationen suchen. Das nervt genauso wie eine mit Smooth-Jazz bespielte Warteschleife bei einer 0800-Nummer. Da klicken die Leute ruckzuck weiter zum nächsten Anbieter. Je länger die Menschen auf deiner Seite bleiben, desto besser findet das auch Meister Google. Im Jargon nennt man das die Verweildauer. Nach dem Motto: Wenn Leser sich eingehend mit der Seite beschäftigen, dann scheint der Content interessant und relevant zu sein – und somit auch empfehlenswert für andere, die sich zu dem Thema schlau machen wollen. Das ist ja die Grundidee einer Suchmaschine."

Eine steile These, die mir als Autor natürlich gefällt. Die Vorstellung, nur für die Suchroboter von Suchmaschinen zu texten, schien mir immer schon wie aus einem Roman von George Orwell: Seelenlos und schnöde. Am Ende soll doch ein Wesen mit Pulsschlag und menschlichem Bewusstsein auf meine Website kommen und sich dort angesprochen, unterhalten und informiert fühlen. So habe ich immer die Texte für meine eigene Website und meinen Blog abgefasst. André schmunzelt: „Nur, wer liest schon ellenlange Webtexte auf einem Webauftritt von A bis Z durch? Auf so manchen Seiten von Unternehmen, die SEO aggressiv betreiben, gewinnt man den Eindruck, dass Quantität vor Qualität geht. Der Webauftritt wird im Grunde mit zusätzlichen Informationen künstlich aufgeblasen. Mehr Content bedeutet mehr Futter für die Suchmaschinen und mehr Spielraum, in dem man die eigenen Keywords platzieren kann. Das ist nicht sexy, wohl aber ziemlich erfolgversprechend."

Beim Punkt 8, der Verlinkung der Mitbewerber, drängt sich mir die Frage auf, wie man das herausfinden kann. „Da benutzt man sogenannte Backlink-Tester. Das sind Online-Werkzeuge, die es auch kostenlos gibt. Ich habe unter anderem *www.backlinktest.com* und *www.ahrefs.com* benutzt. Bestimmt findet man aber noch andere tolle Tools."

Ich meine gelesen zu haben, dass Copy and Paste schädlich ist. „Die letzten beiden Punkte deiner Liste fordern, dass ich möglichst viel über mich bzw. mein Unternehmen veröffentliche. Wie mache ich das, ohne mich ständig zu wiederholen oder Copy and Paste zu benutzen?“ André: „Copy and Paste ist selten schädlich, aber sinnlos. Google ignoriert den kopierten Text. Konkret: Du veröffentlichst etwas zum Thema Analog-fotografie auf deinem Fotografenblog. Eine Woche später klaut jemand den Text und fügt ihn auf seinem Blog oder Webaufritt ein. Google kennt ja bereits den Ursprungstext auf deinem Blog und nimmt das Plagiat nicht mit in die Bewertung für sein Ranking auf. Entweder man macht sich also die Mühe, Texte selber massiv umzuformulieren oder man benutzt Spinning-Software dafür. Eine solche Software ist spannend für alle, denen das Schreiben nicht so leicht fällt. Der springende Punkt: Die neuen Texte sollten zu mindestens 70% anders aussehen als die Ursprungstexte. Die Software kann – je nachdem wie viele Synonyme Du eingeben hast – zwischen 35% und 80% unterschiedliche Texte produzieren. Die von uns verwendete Software *www.myseosolution.de/seo-tools/article-wizard/* kann in der Freeware-Version aus einem Text jeweils fünf neue generieren. Die Bezahlversion von Article Wizard ist wesentlich potenter. Leider läuft diese Software nicht auf iOS.“

Spinning-Software

So funktioniert Spinning-Software: Ein Berliner Caterer kopiert seinen Startseitentext in das Programm. Dieser Startseitentext beschreibt sein Unternehmen sachlich in sechs Sätzen. Wo, wer, was und vielleicht auch noch warum. Mit Hilfe der Software sucht der Caterer nun Synonyme für möglichst viele einzelne Wörter des Textes. Danach generiert das Programm neue Texte, die sich ausreichend vom Ausgangstext unterscheiden und somit von Google nicht als Duplicate Content angesehen werden. Mit Duplicate Content sind Textpassagen gemeint, die genau so schon an anderer Stelle im Netz veröffentlicht worden sind. Dabei ist es gleichgültig, ob diese Texte bereits auf meiner eigenen Website oder anderen Websites publiziert worden sind. Kostenlose Spinning-Software findet ihr im Netz unter dem Stichwort Text-Spinning.

Jetzt Du!

Arbeite diese Checkliste bitte von 1 bis 5 Punkt für Punkt ab. Die Reihenfolge ist nicht so wesentlich, aber Du solltest wirklich keinen Teilbereich ignorieren. Um dir die Sache zu erleichtern, haben wir ein Arbeitsblatt erstellt:

*www.*guerilla-seo.de/guerilla-marketing-guerilla-seo-tipps/

Gebe der Unterseite, die sich zum Beispiel mit Manueller Therapie befasst, auch im Menü die Linkbezeichnung Manuelle Therapie – an Stelle von zum Beispiel Zusatzleistungen. Auch die Zielseitenadresse (URL) sollte denselben Begriff plus Standort (Stadtname) enthalten. Dieses Umformulieren empfiehlt sich für jede einzelne Unterseite auf deinem Webauftritt.

Arbeitsblatt: To-Do-Liste 1-5

Meine „Wunsch-Keywörter“ bei Google eingeben und Top-Platzierungen notieren. Beispiel: Ich gebe „Tonstudio Köln“ in die Suchmaske ein und notiere mir die ersten fünf Webseiten von „echten“ Anbietern. Plattformen, Foren, journalistische Beiträge usw. ignoriere ich.

Websites der direkten, „gutrankenden" Mitbewerber analysieren. Beispiel: Nachdem ich die gleiche Suche auch für ähnliche Keywörter gemacht habe („Tonaufnahmen Köln", „Tonstudio in Köln"), ergibt sich eine Schnittmenge, in der sich die stärksten Mitbewerber befinden. Ich mache mir Notizen zu meinen ersten Eindrücken: Gesamteindruck, Benutzerfreundlichkeit, Ansprache, Fotos, Textmenge usw.

Welche Seitenstruktur haben die Websites der erfolgreichen Mitstreiter? Hier schauen wir uns die Menüs oben und eventuell an den Seiten der Website an. Wie viele Menüpunkte sehen wir dort, wie sind die einzelnen Unterseiten benannt? Welche Hauptthemen können wir extrahieren? Tauchen die Keywords in den Seitentiteln auf? Gibt es viel Content zu den einzelnen Themen?

Verwende ich diese Wunsch-Keywörter schon hinreichend in meinen eigenen Texten und in der Seitenstruktur? An dieser Stelle vergleiche ich das Gesehene zum ersten Mal mit meiner eigenen Webpräsenz. Benutze am besten ein Tool, um die Keyword-Dichte zu bestimmen.

Wo lande ich selber mit diesen Keywörtern bei Google? Diese Aufgabe ist schnell abgehakt. Gebe die Keywörter ein und suche dich selber bei Google. Notiere dir die Platzierungen bei den verschiedenen Keyword-Kombinationen mit Datum.

Kapitel 2
Schläft die Konkurrenz oder schlafe ich mit der Konkurrenz?
Konkurrenzanalyse, Keyword-Dichte, Backlinks

André setzt sich gut gelaunt an meinen Küchentisch. Er bedankt sich für den angebotenen Espresso und klappt das Laptop auf. Neben den Rechner legte er seine beiden Telefone – für den Fall, dass Kunden anrufen. Kein Small Talk, wir legen gleich los. „So, als erstes also die Konkurrenzanalyse. Hm, nehmen wir doch zum Beispiel einen Caterer, der seinen Sitz in Frankfurt hat. In die Suchmaske von Google geben wir *Catering Frankfurt* ein. Wir merken uns die Erstplatzierte und probieren weiter. Was passiert, wenn wir *Partyservice Frankfurt* eingeben? Kommt wieder die gleiche Anbieterin nach ganz oben? Tatsächlich, der Anbieter ist erneut unter den Top 3. Dritte Eingabe: *Caterer Frankfurt*. Nun wieder an erster Stelle. Dieser Caterer scheint aus SEO-Sicht vieles richtig zu machen. Wir schauen uns diese gutrankende Website einmal genauer an. Im BWL-Jargon nennt man das wohl Benchmarking: Von den Besten lernen."

Und schon klingelt eins der blöden Telefone. Während André seinen Charme spielen lässt, vertrödele ich Zeit auf facebook, bis André endlich auflegt.

„Und", dränge ich etwas gereizt, „was sind deine ersten Eindrücke?" André schaut auf seinen Klapprechner. „Schönes Design, guter Aufbau, relativ standardisierter Startseitentext, nicht auffällig viel Text, gute Gliederung und professionelle Fotos. Ja, die Seite macht schon neugierig."

Ich schaue mir den Auftritt parallel auf meinem Rechner an und lasse den Autor raushängen: „Die Themengebiete sind feinsäuberlich getrennt, zu jedem Unterthema findet man eine eigene Seite mit sachlichem Text." Ich überfliege einige Texte. „Die Keywords stehen in Sinnzusammenhängen und scheinen auch in einer guten Dosierung aufzutauchen." Die sogenannte Keyword-Dichte ist auch so eine „Wunderformel", die man allenthalben auf SEO-Seiten erwähnt findet. Auch für diesen Aspekt gibt es im Netz kostenlose Tools.

Keyword-Dichte

Ein Programm, das wir selber ausprobiert habe, findet ihr hier: www.habo-webservice.de/SEO/ *Diese Software fragt dich nach den relevanten Keywords, liest dann deine einzelnen Seiten ein, zählt alle Wörter und ermittelt daraus die Keyword-Dichte in Prozent. Bei meiner eigenen Website hat das Programm eine Dichte von 2,38% ermittelt. Wo die optimale Keyword-Dichte rangiert, ist umstritten und immer wieder Zündstoff für eitle Expertendebatten. Unser persönlicher Richtwert ist eine Keyword-Dichte zwischen drei und vier Prozent.*

André nickt zustimmend. Nun kommen wir zur erwähnten Backlink-Analyse. Wir spazieren auf eine der kostenlosen Plattformen im Netz (siehe oben) und tippen die Webadresse des Caterers dort ein. André scheint überrascht: „Über 1.000 Backlinks. Holla, die Waldfee! Laut Analysetool bauen die seit fünf Monaten kontinuierlich Backlinks auf."

"It's not where you take things from – it's where you take them to."
Jean-Luc Godard

Wir schauen uns an, wo diese Links „sitzen" und finden eine Liste mit den genauen Webadressen, von der die jeweiligen Verlinkungen stammen. Durch Anklicken gelangen wir zur Linkquelle. Ist es ein öffentlich zugängliches Webverzeichnis (demoz, meinestadt, yelp, klicktel und zahllose obskure Webverzeichnisse, die aber nicht unbedingt unbedeutender sind), tragen wir unsere Website entsprechend den Anforderungen dort auch ein. Abgefragt werden meistens Kontaktdaten und kurze Texte, die das eigene Unternehmen beschreiben. Es erinnert an lästige Schulaufgaben und kostet, wie wir bald merken, eine Stange Zeit.

Hinweis: Viele Analyse-Tools benennen ***demoz*** *als Must-Have-Linkquelle. Unter den Linkquellen scheint demoz so elitär zu sein wie Oxford unter* *den Universitäten. Nach dem Motto: Wenn du da nicht angenommen wirst, wirst du nie in die Vorstandsetagen aufrücken. Für uns hat sich diese These als Mythos entpuppt: Alle in unseren Selbstversuchen optimierten Seiten sind ohne demoz-Eintrag auf der Seite 1, manche sogar unter den Top-3 bei Google aufgeschlagen.*

André findet auch diesen Tipp: Es lohnt sich, auch bei nicht-öffentlichen Linkquellen „anzuklopfen“ und zu fragen, ob ein Linkeintrag möglich ist. Manche dieser Quellen verlangen einen Linktausch. Dieses Wort hat einen schlechten Ruf, ob der Annahme, dass ein solcher Link wertlos sei. In der Tat ist er wohl nicht so potent wie ein einseitiger Link; aber natürlich immer noch wertiger, als gar keinen Link zu haben. Zu einem „natürlichen“ Linkaufbau gehören eben auch gegenseitige Empfehlungen. Es ist ja im „echten Leben“ auch nicht abwegig, dass Bäcker und Metzger sich gegenseitig empfehlen und beide tatsächlich hervorragende Produkte anbieten.

Wer noch tiefer in dieses Thema eintauchen möchte, sollte es nicht beim „Abgucken“ belassen – bisher haben wir ja recherchiert, wo die Konkurrenz ihre Backlinks platziert hat. Es schadet natürlich nicht, eigene Linkquellen ausfindig zu machen. Dafür überlegen wir, wo Plattformen, Foren oder Webverzeichnisse zu unserem Thema zu finden sein könnten. Eine einfache Google-Suche in der Art „Webverzeichnisse Catering“ kann ein guter Einstieg in diese Recherche sein. Vielleicht gehen wir noch einen Schritt weiter, indem wir auch in angrenzenden Themenwelten interessante Linkverzeichnisse suchen. Ein Masseur könnte also beispielsweise in den benachbarten Branchen (Krankengymnastik, Physiotherapie, Fitness etc.) Linkquellen aufstöbern, die wahrscheinlich von seiner massierenden Konkurrenz ignoriert werden.

Die Fallbeispiele des Caterers und des Masseurs sollen dokumentieren, dass die Erkenntnisse unserer Selbstversuche auf praktisch jede Branche, die lokal verortet ist, anwendbar sind. Der regionale Bezug durch den Zusatz des Ortsnamens ist wirklich essentiell. Was bei einem Dienstleistungsunternehmen einleuchtet: Wir suchen ja in aller Regel einen Caterer in unserer Stadt oder unserer Region. Für überregional agierende Anbieter in einem umkämpften Umfeld ist es ungleich schwieriger, sich in den Suchmaschinen unter den ersten Ergebnissen zu platzieren. Auf diesem Spielfeld regiert das Kapital. Unternehmen mit einer schlagkräftigen SEO-Abteilung oder SEO-Agenturen im Schlepptau sind für einen Freiberufler oder Kleinunternehmer ein schwer zu schlagender Konkurrent. Unseren Kopf müssen wir trotzdem nicht im sprichwörtlichen Sand vergraben, denn es gibt Möglichkeiten, über eine Nische oder Spezialisierung zu punkten. Ein Beispiel: Ich bin Coach und agiere deutschlandweit, weil ich auch über Skype arbeite. Mit dem Keyword *Coaching* ohne einen Ortsnamen wird meine Konkurrenz überwältigend sein. Ist mein Alleinstellungsmerkmal vielleicht Coaching mit Hilfe von, sagen wir, NLP? Wie wäre dann das Keyword *NLP Coaching*? Die Anzahl der Mitbewerber schrumpft und meine Chancen erhöhen sich schlagartig.

Hinweis: Nimm dir Zeit mit der Suche nach den passenden Keywords. Sie sollten mit den wesentlichen Inhalten deines Webauftritts und deines Angebots korrespondieren. Lies alle Texte noch einmal in Ruhe durch und extrahiere die wichtigsten Schlagwörter. Auch wenn du deutschlandweit unterwegs bist, kann der Zusatz des Ortsnamens eine gute Idee sein. Nach dem Motto: Besser in Berlin auf Seite 1 als deutschlandweit auf Seite 9. Vielleicht lohnt es sich auch, intensiver über eine Nische nachzudenken. Habe ich eine Spezialisierung in meiner Methodik oder eine klar umrissene Zielgruppe? Wie wäre es dann mit Coaching für Existenzgründer oder alternativ Existenzgründer Coaching?

“Man entdeckt keine neuen Erdteile, ohne den Mut zu haben, alte Küsten aus den Augen zu

verlieren." André Gide

André erzählt, dass viele SEO-Agenturen und Foren dringend davon abraten, mittels Software automatisierte Backlinks zu generieren. Angeblich straft Google diese Maßnahmen empfindlich ab – mit einer Rückstufung oder gar einer kompletten Entfernung aus den Suchergebnissen. Ist dies eine wohlwollende Warnung? Oder ist es nur eine clevere Geschäftstaktik der Agenturen? Nach dem Motto: Lasst ihr mal lieber die Finger davon, denn die könntet ihr euch verbrennen. Lasst da mal lieber einen Profi ran. Ist das guter Rat oder blankes Eigeninteresse? Genau das möchten wir eruieren.

Im Netz findet der Interessierte zumeist US-amerikanische SEO-Flüsterer, die mit ihrer kostenpflichtigen Software massiven Backlink-Aufbau und damit eine massive Verbesserung in den Suchergebnissen versprechen. André will sich eine solche Software besorgen und diesen „neuen Erdteil mutig entdecken". Mehr dazu später.

„Viele Backlinks gleich gute Google-Position ist nicht die Formel, die wir unterschreiben können. Wir kennen auch Einserkandidaten mit nur 50 Backlinks."
André

Jetzt Du!

Definiere deine Keywörter und vergesse dabei bitte nicht den regionalen Bezug (Zusatz des Ortsnamens). Mehr Ideen zu einer kreativen Keyword-Suche findest Du im nächsten Kapitel. Schaue dir die Webseiten deiner Mitbewerber genau an. Unterziehe deine eigene Website und die der gutrankenden Mitstreiter einem Backlink-Check. Wie viele Backlinks findest Du? Nun trage deine Website in möglichst viele dieser Webverzeichnisse (oder Foren, Gästebücher) ein. Wenn Du heute besonders motiviert bist: Suche auch nach eigenen Linkquellen (Google-Suchanfrage: „Webseite eintragen"). Mehr dazu findest Du auch im fünften Kapitel.

Profi-Tipp: Verlinke nicht nur auf die Startseite, sondern immer wieder auf verschiedene Unterseiten deines Auftritts (also zum Beispiel als Physiotherapeut auf die Unterseite Manuelle Therapie). Besonders wirksam sind sogenannte Textlinks: Links, die im fließenden Text untergebracht sind.

Notizen

Kapitel 3
Out of my Mindmap
Keyword-Brainstorming, Content schaffen

Es ist warm, T-Shirt-Wetter, aber nicht so stickig, wie es sonst so gerne in unserer Stadt am Fluss ist. Ich nehme mir an diesem Nachmittag Zeit, im Vorgarten sitzend alle Texte auf Andrés Website zu lesen – viel ist es ja nicht. Ich greife zu Stift und Papier, um eine Mindmap aufzumalen. In die Mitte kritzele ich das Wort *Fotografie* und dann assoziiere ich frei, auf der Suche nach anverwandten Wörtern: Porträtfotografie, Landschaftsfotografie, Tierfotografie, Kinderfotografie, Aktfotografie... Ich picke Portraitfotografie heraus und erweitere meine Mindmap um diese Begriffe: Menschen, Gesichter, Manager, Make-up, Studio, Außenaufnahme, Beauty... Eine Nachbarin setzt sich mit einem Frozen Yoghurt in der Hand zu mir. Wieder so ein Trend, der an mir vorbeizieht. Netterweise ergänzt sie meine Skizze um die Begriffe Katalogfotos, Hochzeitsfotos und Headshots.

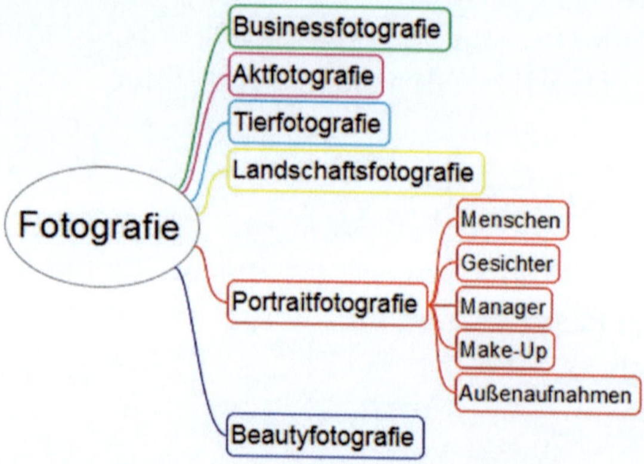
Fotografie
Businessfotografie
Aktfotografie
Tierfotografie
Landschaftsfotografie
Portraitfotografie
Menschen
Gesichter
Manager
Make-Up
Außenaufnahmen
Beautyfotografie

Notizen

Am nächsten Tag kommt André vorbei und ich zeige ihm mein Werk. Er schmunzelt. André kennt sein Business natürlich besser als ich; also muss er auch entscheiden, welche Begriffe als mögliche Suchbegriffe bei Google taugen könnten. Diese umkringelt er. Wenn man mag, kann man diese potentiellen Keywords einer Analyse unterziehen. Im Netz gibt es Tools (zum Beispiel bei google.de/adwords), mit deren Hilfe man die Häufigkeit der Suchanfragen bei einem bestimmten Keyword ermitteln kann. Das kann man für alle in Frage kommenden Keywords machen und sich dann entscheiden, welche man auswählt. Ein hübscher Nebeneffekt: Man macht sich Gedanken über Dinge wie Positionierung, Alleinstellungsmerkmale und die eigenen Werte.

Die einmal von uns definierten Keywords sollten übrigens regelmäßig in den Webtexten auftauchen (siehe Infobox zur Keyword-Dichte im Kapitel 2). Wir haben nun eine Wortliste, die ab sofort immer neben dem Rechner liegt, wenn wir neue Texte schreiben. Nach drei Tassen italienischem Kaffee und durchaus unterhaltsamem Wörter-Pingpong entstehen nach und nach mehrere Texte. Was wir an diesem Nachmittag fabrizieren, nennt man in der SEO-Sprache „Content schaffen".

Wie kann man sich das inhaltlich vorstellen? Nun ja, der Caterer zum Beispiel schreibt eine kleine

Reportage über seinen letzten Großauftrag, in der seine Keywords auftauchen. Unser Masseur schreibt einen Artikel über die heilende Wirkung von Wärme für die Muskulatur. Ein Fotograf verfasst ein kleines, nostalgisches Essay darüber, wie ästhetisch lohnend die Analogfotografie doch trotz all der Mühen war. Ein Coach berichtet von einer aufregenden Konferenz, die sie besucht hat oder auf die sie als Redner geladen war. Der Inhaber eines Tonstudios berichtet über eine typische Aufnahme-Session in seinem Studio und fügt auch noch ein paar Fotos dazu. Ein Journalist teilt der virtuellen Welt mit, wie man eine lesenswerte Pressemitteilung erstellt.

Hinweis: Wir empfehlen, alle Texte erst am Rechner zu schreiben und dann auf der Website einzufügen. So habt ihr immer eine Sicherungskopie, falls euch mal Daten bei einem Update oder einem Bug verloren gehen.

Nächster Schritt: Alle Unterseiten werden jetzt mit solchen Texten versehen. Die Portfolioseiten, die bei André bisher nur Fotos enthielten, werden mit ausführlichen, beschreibenden Texten angereichert.

Mir als Wortmensch fällt übrigens auf, dass die meisten Fotografen ihre Webseiten mit Fotos „tapezieren“. Irgendwie auch einleuchtend, da ein Fotograf ja Fotos verkauft. Text ist auf den meisten dieser Seiten rar. Das scheint also eine gute Möglichkeit, Google-relevanten Content zu schaffen und sich dadurch von der knipsenden Konkurrenz abzugrenzen. Google kann nämlich sehr gut lesen, aber weniger gut „gucken". Noch ist das zumindest so.

Wir gehen auch sicher, dass alle Texte untereinander mit Stichwörtern verlinkt sind – im Fachjargon „interne oder lokale Verlinkung" genannt. Das Wort Business-Fotografie im Fließtext auf der Startseite wird verlinkt mit der entsprechenden Unterseite. Der Leser kann also auf das Wort Business-Fotografie klicken und wird auf die Unterseite weitergeleitet. So entsteht ein Referenznetz auf dem Webauftritt, das dem Leser das Navigieren erleichtert.

Hinweis: Wer noch nicht weiß, wie man zum Beispiel bei Wordpress einen Link einfügt, gebe bitte bei Google oder YouTube ein: „Wordpress internen Link setzen".

Es darf auch der eine oder andere externe Link untergebracht werden – dies signalisiert Google, dass man unegoistisch bereit ist, dem Leser einen Mehrwert zu bieten. Denn ein externer Link entführt den Leser ja auf eine fremde Seite und verkürzt dadurch die Verweildauer auf der eigenen Seite.

Hinweis: Nonsens-Texte a lá „Buchen Sie für ihre Fotos in Entenhausen den Fotograf Entenhausen für die besten Fotos in Entenhausen" sind auch aus SEO-Sicht Nonsens. Vor einigen Jahren war das noch anders; damals konnte Keyword-Spamming eine Website ordentlich pushen. Google erkennt diese Keyword-schwangeren Texte mittlerweile sehr erfolgreich und straft die, die es übertreiben, schon mal gerne ab. Eine sogenannte Google Penalty hat zur Folge, dass man seine aktuelle Position verliert und nach hinten verbannt wird.

Andrés Mission ist es, alle neuen Texte am nächsten Tag einzupflegen. Zusätzlich werden alle Dateien (bei ihm natürlich vor allem Fotos) mit Keyword-Texten versehen. Aus „Foto 5" wird „Fotograf in Entenhausen fotografiert Enten auf dem Wannsee".
Ich darf für acht Tage nach Südamerika verreisen und wir sind neugierig, ob da nach schon ein Erfolg sichtbar wird. Wird seine Website bei den Google-Suchergebnissen steigen? Im Moment befindet sie sich mit den wichtigsten Suchbegriffen auf bestens Seite 4, meistens Seite 5 der Suchergebnisse. Die Top-Platzierung in den letzten drei Monaten war Platz 32 – also auf der Seite 4 der Suchergebnisse weit oben. André wünscht mir einen guten Flug.

Jetzt Du!

Nehme dir den Ausdruck des Arbeitsblatts zur Hand und lasse dein Gehirn stürmen. In die Mitte kommt der Hauptbegriff – zum Beispiel Caterer, Coach, Physiotherapeut etc. Nun suchst Du nach verwandten Begriffen, Teilleistungen und Unterkategorien. So produzierst Du Ideen, die Du später für vieles gebrauchen kannst. Die Mindmap kann ein Gerüst für deinen Webauftritt sein. Die Ideen können ebenso als Themenvorschläge für neue Texte aufgefasst werden. Vielleicht entdeckst Du in dem Ideenpool sogar ein kreatives Keyword! So ist es zum Beispiel clever, als Keyword nicht nur Physiotherapeut Pforzheim, sondern auch Manuelle Therapie Pforzheim zu definieren.

Notizen

Kapitel 4
Erste Ergebnisse aus Entenhausen
Platzierung, Ranking

Einige Tage nach meiner Pressereise ruft mich André an und schlägt ein kurzfristiges Treffen vor. Er will mir Zahlen auftischen.

Ihr erinnert euch wahrscheinlich, dass wir vor meinem Abflug eine Onpage-Optimierung seines Webauftritts vorgenommen hatten. Alte Texte hatten wir generalüberholt und neue hinzugefügt. Der Moment der Wahrheit naht. Nach Andrés Stimmung am Telefon zu urteilen, ist die Wahrheit erfreulich.

Es ist ein verregneter Augusttag und ein Open-Air-Treffen nicht die erste Wahl. Ich spaziere mit Schirm im Gepäck zu André ins Studio, neugierig auf die Statistik. Irgendwie weckt diese Webseitenoptimierung den Spieltrieb in uns. Die Suchergebnisse sind wie Fußballtabellen und wir können es kaum erwarten, bis der Spieltag vorbei ist. Mit dem Telefon am Ohr winkt er mich zu sich und deutet mit dem Zeigefinger auf seinen Bildschirm. Dort lese ich:

29. Juli: „Fotograf Entenhausen“
(Seite 4, achte Position, d.h. Platz 38)

5. August: „Fotograf Entenhausen“
(Seite 3, dritte Position, d.h. Platz 23)

11. August: „Fotograf Entenhausen“
(Seite 3, zweite Position, d.h. Platz 22)

14. August: „Fotograf Entenhausen“
(Seite 3, erster Platz, d.h. Platz 21)

29. Juli: „Fotostudio Entenhausen“
(Seite 5, achte Position, d.h. Platz 48)

5. August: „Fotostudio Entenhausen“
(Seite 4, dritte Position, d.h. Platz 33)

11. August: „Fotostudio Entenhausen“
(Seite 3, achte Position, d.h. Platz 28)

14. August: „Fotostudio Entenhausen“
(Seite 3, vierter Platz, d.h. Platz 24)

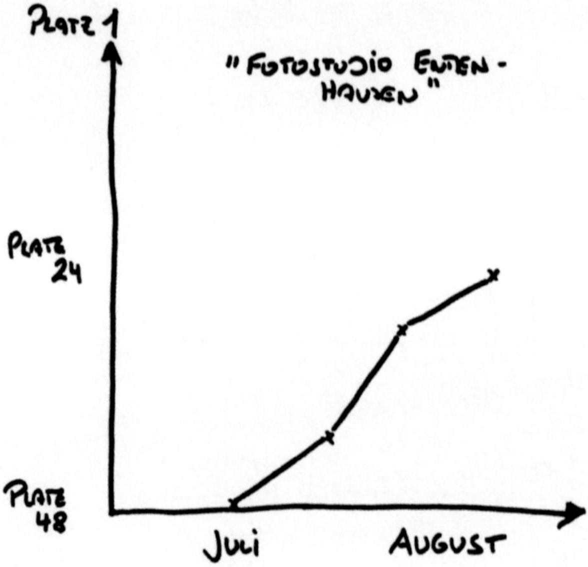
Platz 1
"Fotostudio Enten-
hausen"
Platz 24
Platz 48
Juli
August

André legt auf und schaut mich grinsend an. Innerhalb von gut zwei Wochen hat sich das Ranking nur durch „ordentliche Texte" – so nennt André das –
merklich verbessert. Das ist doch ein Start, der motiviert!

Hinweis: André arbeitet mit dem Tool „Free Monitor for Google", den ihr auf www.cleverstat.com/de/ *findet, um seine Platzierung bei Google zu überprüfen. Die Software ist kostenlos und sehr komfortabel.*

Ich bin baff, wie unnerdig die Dinge waren, die wir bislang unternommen haben. Wenn man sich im Netz über SEO informiert, schlagen einem rätselhafte IT-Begriffe entgegen: TLD, Quellcode (HTML-Programmierung), CSS, XML-Sitemap, .htaccess, Plug-Ins usw. Solche Vokabeln hatten mich als Technikmuffel bislang immer abgeschreckt. Als ich neulich auf einer Geburtstagsparty einer Bekannten von unserem Buch erzählte, fragte sie gleich: „SEO, ist das nicht total technisch?" Dieser Meinung war ich bis vor unserem Experiment auch. Aber das, was wir bislang angestellt haben, ist komplett „analog".

Ich teile meine Gedanken mit André. Er stimmt zu: „Wenn man eines der gängigen CMS-Systeme wie Drupal, Joomla, TYPO3 oder

Wordpress benutzt, braucht man sich um solche Codes nicht mehr zu kümmern. Das haben die Programmierer der Templates in der Regel schon für einen erledigt."

„Dann ist es vor allem Schreibarbeit?", wage ich ein frühes Fazit. „Es scheint so zu sein, aber wir haben ja bislang nur die ersten Babyschritte gemacht. Als nächstes machen wir mit der Offpage-Optimierung weiter. Wir müssen aber auch schauen, dass wir das, was wir durch die Onpage-Optimierung bereits erreicht haben, nicht verlieren. Wir sollten unsere Texte regelmäßig überarbeiten, erweitern und aktualisieren. Das muss jetzt nicht jeden Tag passieren, aber alle zwei Wochen ein neuer, kleiner Text oder eine Aktualisierung wäre tiptop. Google mag das."

„Google mag das!" Das ist einer dieser Sätze, die mir gegen den Strich gehen. Je länger ich mich auf dem Gebiet der Webseitenoptimierung herumtreibe, desto gottähnlicher erscheint Google. Wie in einer vorchristlichen Religion ist man andauernd damit beschäftigt, diesen digitalen Gott zu besänftigen. Wir schlachten keine Lämmer; dafür „stylen" wir ständig unsere Website, um das Wohlgefallen des allmächtigen Goo zu gewinnen. Waren Suchmaschinen nicht eigentlich mal dafür gedacht, Menschen zu dienen? Haben wir den Bock zum Gärtner gemacht?

Hinweis: In manchen Szenarien muss SEO ein Dauerbrenner sein, weil die Position anders nicht gehalten werden kann. Wir möchten aber festhalten, dass eine unserer Versuchs-Webseiten auch ohne neue Texte (Artikel, News etc.) ihre gute Position gehalten hat. Wir hatten die Seite zu diesem Zweck nach der erfolgreichen Grundoptimierung und schließlich Platz 1 monatelang „links liegen lassen". Andere Seiten wiederum haben ohne aktuelle Beiträge einige Plätze verloren.

Jetzt Du!

Lege ein Dokument an, in dem Du deine Suchergebnisse archivieren kannst. Suche dir eventuell auch ein Tool, mit dem Du die Platzierung „überwachst“.

CMS-Systeme

CMS steht für Content Management System (frei übersetzt: System zum Verwalten von Web-Inhalten).
Der Vorteil: Wir brauchen keine Software auf dem eigenen PC, sondern können von jedem internetfähigen Gerät den Inhalt (Content) der Webseite ändern, ergänzen, schön machen.

Ursprünglich als Blog-Software angelegt, sind CMS-Systeme heute dank des Engagements vieler Webdesigner und Programmierer ein fantastisches Werkzeug zum Erstellen einer professionellen Internetpräsenz. Wordpress ist weltweit die mit Abstand am meisten eingesetzte CMS-Software für Homepages. Hier etabliert sich ein Standard ähnlich wie bei den Betriebssystemen OS X von Apple und Windows von Microsoft. Diese CMS-Software ist übrigens kostenlos. Die Auswahl an grafischen Vorlagen (Themes oder Templates) ist enorm und selbst die kostenlosen Templates taugen viel.

Wer es etwas individueller braucht, kann in etwa für den Gegenwert eines Kinobesuchs mit Popcorn ein hübsches Template kaufen.

Kapitel 5
Optimierung aus dem Off
Backlinks

Stadtportale
Forenbeiträge
Suchmaschinen
Blogs
Webseiten
Branchenseiten
Artikelverzeichnisse

André hat sich die Websites seiner Mitbewerber angeschaut. „Ein ziemlich eindeutiges Indiz für einen optimierten Auftritt ist es, wenn die Seite bei verschiedenen Keyword-Kombinationen vorne liegt. Ich habe mir die herausgesucht, die in den Suchergebnissen immer wieder ganz vorne landet. Es war keine Überraschung. Die haben Onpage schon mal alles richtig gemacht: Themenrelevanter, reichhaltiger Content. Unterseiten, auf denen das Thema weitergeführt wird. Fotos sind betitelt usw."

Das ist Onpage. Ihr seht, wir haben den Jargon jetzt verinnerlicht. Meine Freundin amüsiert meine schleichende „Nerdisierung" schon seit ein paar Wochen. Sie findet, eine Hornbrille würde mir ganz gut zu Gesichte stehen.

In diesem Kapitel soll es allerdings noch einmal um die Offpage-Optimierung gehen. André weiter: „Bei den drei stärksten Mitbewerbern mache ich einen Backlink-Check mit meiner kostenlosen Software. In der langen Liste der Backlinks sehe ich Webseiten, die vermutlich Kundenseiten oder echte Referenzen sind. Dann sind da aber auch noch Webverzeichnisse, in die sich grundsätzlich jeder eintragen kann. Wie sieht es bei diesen Verzeichnissen aus: Muss ich mich registrieren, muss der Eintrag erst freigeschaltet werden, besteht eine Backlink-Pflicht? Ich nehme mir erst mal die vor, bei denen ein Eintrag meiner

Website mit wenig Aufwand möglich ist."

Tipp: Für diese Registrierungen lohnt es sich, eine separate Email-Adresse einzurichten, um eine mögliche Newsletter-Flut in der eigenen Inbox zu vermeiden.

Ich habe meine eigene Website natürlich auch dem von André empfohlenen Backlink-Check unterzogen. Dabei fiel mir auf, dass dort eine ganze Reihe von Backlinks nicht erscheinen. Zum Beispiel bin ich schon länger bei bekannten Telefon- und Branchenverzeichnissen eingetragen; manche dieser Links tauchen in der Liste nicht auf. Das erzähle ich André. „Ach so, das könnte an der verwendeten Backlink-Software liegen. Ich habe bemerkt, dass verschiedene Tools auch verschiedene Ergebnisse produzieren. Es lohnt sich, mehrere Software-Tools auszuprobieren. Es kann nämlich sein, dass diese Links von der speziellen Software einfach nicht gefunden werden."

Gewurmt hat mich der folgende Befund: Bei einigen meiner Kunden stehe ich als Texter im Impressum. Manche dieser Links tauchen beim Backlink-Check nicht auf. Das ist so ärgerlich, weil diese Links besonders wertvoll wären. André ist mir wieder einmal einen Schritt voraus: „In der Regel werden die Impressumseiten von den Webmastern für Suchmaschinen-Robots auf

No-Follow gesetzt. Die Impressumseite soll also von Suchmaschinen nicht beachtet werden. Die Absicht der Webmaster: Pflichtseiten wie das Impressum, die mit dem eigentlichen Angebot nichts zu tun haben, sollen gar nicht in den Suchindex von Google aufgenommen werden." Sollte der Link auf eurem Webauftritt also ausgerechnet auf einer solchen No-Follow-Seite „versteckt" sein, ist die Wirkung gleich Null. Randbemerkung: Google kann den Befehl eines Webmasters *Don't follow me!* übrigens auch ignorieren. Remember: Google is the Boss!

Hinweis: Wenn euch die Möglichkeit geboten wird, einen Link zu eurem Auftritt auf einer anderen Website zu platzieren, greift zu! Am stärksten sind Links, die in einen Fließtext eingebettet sind. Wenn möglich, lasst euch auf einer anderen Unterseite als der Impressumsseite verlinken.

Erklärtes Ziel unserer Offpage-Optimierung ist es, mehr Backlinks zu erheischen. Was tun? André bringt die „böse" Backlink-Software wieder ins Spiel. Von allen Seiten wird davon abgeraten, wir tun es trotzdem. André hat sich „klammheimlich" bereits eine solche Software organisiert. Ihre bevorzugte Beute sind Blogs, Foren und Gästebücher. Daher muss das Programm im ersten Schritt mit Daten wie Email-Adresse, Beschreibungstext, Überschriften, Keywords usw. gefüttert werden. Damit geht die

Software auf eine weltweite Pirsch. Es kann also passieren, dass deine Seite auf einem südkoreanischen Blog, in einem kanadischen Gästebuch oder in einem österreichischen Artikelverzeichnis verlinkt wird. Immer dort, wo die virtuelle Tür offen steht. Dass solche Links eine andere Wertigkeit besitzen als die „handgemachten" Links, leuchtet ein. Hier macht es die Masse. So können pro Tag bis zu 100 Links generiert werden. Für ganz hartnäckige Seiten bietet das Tool sogar einen kostenpflichtigen Captcha-Breaker als Zusatzmodul an. Ein Captcha-Breaker versucht vollautomatisch Captcha-Felder auszufüllen, um diese Sicherheitshürde bei Foren, Gästebüchern, Artikelverzeichnissen und Blogs zu umschiffen.

Irgendetwas in mir sträubt sich gegen diese Form des Link-Spammings. André lacht und nennt mich – nicht ganz ernst gemeint – einen Moralapostel. Die Sache ist vollkommen legal. Er selber ist allerdings auch kein echter Fan dieser Software, aber wir wollen ja alles Ausprobieren. Unsere Konkurrenzanalysen haben ans Licht gebracht, dass manche vier- bis fünfstellige Backlinks ihr eigen nennen. So viele Links können unmöglich persönlich eingetragen worden sein oder auf echten Empfehlungen basieren!

Wie wir zum Einsatz einer Backlink-Software stehen, könnt ihr im letzten Kapitel lesen.

Jetzt Du!

Ihr habt es ja schon nach dem zweiten Kapitel angefangen: Backlinks generieren ist das Motto des Tages. Noch einmal nachlegen kann auf keinen Fall schaden. Also: Kann ich mich in Foren einbringen? Auf welchem Blog möchte ich einen Kommentar mit meiner Website-Adresse hinterlassen? Welche Webverzeichnisse finde ich noch?

Notizen

Kapitel 6
Ist die Katze aus dem Haus...
Interne Links, Linktitel, Linktexte

André muss für einen Job nach Süddeutschland. „Make hay while the sun shines!“ Diese angelsächsische Binsenweisheit fällt mir ein und ich will Andrés Abwesenheit nutzen, um „klammheimlich“ seine Onpage-Optimierungs-Strategien auf meine eigene Website zu übertragen. Will doch mal testen, ob der „Spezialist“ weiß, wovon er redet. Meine Webseite ist eigentlich gut im Fleisch: die Seitenstruktur ist ordentlich, die Fotos (na ja, die meisten zumindest) sind beschriftet, es gibt interne Links und vor allem themenbezogenen Content. Trotzdem finde ich mich bei Google-Suchen (je nach Keyword-Kombination) auf Seite 2 oder 3. Nicht schlecht, aber auch nicht glorreich.

Die erste Amtshandlung vom Sofa aus: Ich verpasse einigen meiner Texte Überschriften, in denen die beiden Keywörter, für die ich mich entschieden habe, auftauchen. Sowohl auf der Startseite als auch auf Unterseiten. Es ist natürlich günstig, dass ich als Autor „von Berufs wegen“ üppige Texte auf meiner Seite habe und sehr gerne schreibe.

Im zweiten Schritt verändere ich meine *Textlinks* (die Wörter oder die Phrasen, die wir in einem Fließtext mit einem internen oder externen Link hinterlegen) und *Linktitel* (also die „Fensterchen“, die sich beim Überfahren mit der Maus öffnen

und Informationen zum Link anzeigen). Auch sie schneide ich auf meine Keywörter zu. Textlink und Linktitel sollten nicht identisch sein, trotzdem aber meine Keywords oder Synonyme beinhalten. Ich achte darauf, die Keywords immer in einen vollständigen Satz oder eine Phrase einzubetten. Schreibt man beispielsweise nur „Catering Frankfurt“ (also die nackten Keywords) in einen Linktitel, ist das nicht so geschmeidig und förderlich wie zum Beispiel „Frisches Catering in Frankfurt und Umgebung“.
Ich lege eine Statistik an und kann folgendes berichten:

<u>Keyword A</u>
Tag 0: Platz 19 in den Google-Suchergebnissen
Tag 7: Platz 11 in den Google-Suchergebnissen

<u>Keyword B</u>
Tag 0: Platz 21
Tag 7: Platz 16

Als André ausgelaugt von seiner Reise zurückkommt, kann ich es kaum erwarten, mit meinen Ergebnissen zu prahlen. André freut sich königlich, dass seine „Tricks“ nicht nur bei seinen eigenen Webprojekten funktionieren, sondern ganz offensichtlich auch bei mir.

Motiviert vom schnellen Erfolg lege ich nochmal nach. Ich finde auf meiner Website noch mehr

Texte, die ich bearbeiten und optimieren kann. Nebenher kümmere ich mich auch um eine basale Offpage-Optimierung. Ich suche nach Webverzeichnissen, in die ich mich eintragen kann (siehe Kapitel 2 und 5). Das ist wesentlich zeitraubender als die Onpage-Geschichte, merke ich. Am Ende eines Monats fülle ich meine Statistik auf.

Keyword A
Tag 14: Platz 11
Tag 21: Platz 7
Tag 28: Platz 1 (!)

Keyword B
Tag 14: Platz 15
Tag 21: Platz 7
Tag 28: Platz 7

Bei einer Keyword-Kombination bin ich also innerhalb von vier Wochen von Platz 19 auf Platz 1 geprescht und in dem anderen Szenario immerhin von Platz 21 auf Platz 7. Ich bin völlig aus dem Häuschen. So müssen sich Goldschürfer fühlen, wenn sie die ersten Klumpen Gold aus einem Fluss sieben, denke ich.

André, der alte Realo, zieht die Handbremse. „Ein solcher Sprung in so kurzer Zeit ist sicherlich nicht für jede Branche und jede Website machbar. Es zeigt einerseits, dass deine Seite genügend Potential hatte und andererseits, dass deine Mitstreiter dem Thema SEO anscheinend nicht die gleiche Aufmerksamkeit schenken. So etwas zeigt sich eben erst nach einer Optimierung."

Bei unserem nächsten Treffen im Vorgarten (Das Apfelbäumchen trägt zum ersten Mal dieses Jahr!) hat André auch was auf der Schippe: Er hat zwei Wochen lang dosiert die verpönte Backlink-Software laufen lassen. Siehe da: Die Backlinks werden tatsächlich angezeigt und die Platzierung hat sich verbessert; seine Website ist um mehrere Positionen nach vorne gerutscht.

Happy gehen wir auf ein Bier in unsere Stammkneipe um die Ecke. Es ist mild, wir können draußen sitzen. Martin und Frank, auch Freiberufler, gesellen sich zu uns. Auf ein „Und, was gibt es Neues?“ hin erzählt André in gröbsten Zügen von unseren SEO-Eskapaden. Als die beiden internetaffinen Kollegen meine Ranking-erfolge („Auf Platz 1!“), von denen er berichtet, zu Ohr bekommen, werden ihre Augen groß wie Ostereier. „Krass. Und wie habt ihr das gemacht?“ Ich lächele geheimnisvoll (wahrscheinlich sieht es einfach nur dämlich aus): „Tja, das ist eine sehr, sehr lange Geschichte.“ Wie soll ich das in einem Satz beantworten? „Da müsst ihr wohl unser Buch kaufen“, wirft André ein.

Jetzt Du!

Knöpfe dir noch einmal deinen Webauftritt vor: Sind die Überschriften Keyword-orientiert? Hast Du alle Fotos sinnvoll beschriftet? Finden sich auf deiner Website interne Links in den Fließtexten auf den einzelnen Seiten? Wie sieht es bei den Linktexten und Linktiteln in diesen Texten aus? Tauchen auch hier wieder deine Keywords auf?

Kapitel 7
Wie alt ist deine Domain, Alter?
Domainalter, Domainkauf

Samstag Nachmittag, etwa eine Woche später: Ich schlendere durchs Viertel und sehe André, der auf seinem Herrenrad an mir vorbeirauscht. Ich johle ihm hinterher, er bremst – etwas widerwillig, wie mir scheint – ab. Er sei auf dem „direkten Weg“ zum Floristen, ein spätes Geburtstagsgeschenk besorgen. Ist er deshalb so kurz angebunden, um nicht zu sagen schroff? Sei's drum: Ungerührt verwickle ich ihn in ein Gespräch über „unser“ Thema. Ich erinnere uns noch einmal an meine Platzierungserfolge der letzten Zeit, da packt André einen Hammer aus.

Seine Story beginnt so: Vor ein paar Wochen trifft sich André mit einem Kunden, der neue Fotos für eine neue Website angefragt hatte. „Ein guter Auftrag. Einer der Kunden, die nicht ihren selbstgeknipsten Digitalramsch als Werbefoto einsetzen, sondern an professionelle Dienstleistung glauben.“ Dieser Kunde macht sich gerade in der Branche, in der er vorher als Angestellter gearbeitet hat, selbständig. Er hat eine nagelneue Domain angemeldet und möchte von Anfang an einen professionellen Webauftritt etablieren. Eine Woche später treffen sich die beiden wieder und besagter Kunde moniert, bei Google nicht auffindbar zu sein. André nimmt die Seite unter die SEO-Lupe und findet sie okay. Er bietet sich sogar an, die Website für Google „noch schöner zu machen“. Der Kunde will damit noch warten.

Über die nächsten Tage analysiert André das Ranking der besagten Website und stellt fest: Nada! Diese Website taucht auf den ersten Seiten der Google- Suchergebnisse gar nicht auf. Später, auf dem Weg zum Fitnessstudio, hat er eine Eingebung: In Fachkreisen wird gerne und breit diskutiert, ob das Alter einer Domain Einfluss auf das Ranking haben kann. „Wo ich gerade dabei bin, kann ich mich auch da mal hinterklemmen", denkt André. Die neue Kundenseite basiert auf dem CMS-System Wordpress. Da er erst kürzlich eine seiner Websites auf Wordpress „umgestellt" hat, scheint es ihm ein vertretbarer Aufwand, eine Seite zum selben Thema zu erstellen.

Er baut also sozusagen ein „Parallelprojekt" zur Website des Kunden und kramt dafür eine sieben Jahre alte Domain aus seinem Fundus (die Domain hört auf einen Fantasienamen – ein Kunstbegriff, der nicht mit einer Dienstleistung oder einem Produkt in Verbindung steht – so wie wir es von Unternehmen wie Yahoo, Zalando oder Trivago kennen.) Diese Seite lief bei ihm bisher als Webprojekt mit verschiedenen Themen. André kernsaniert diese Domain und setzt Content zum Thema seines Kunden auf die Seite. Dabei achtet er – selbstredend – streng auf eine solide Onpage-Optimierung. Und siehe da: Schon nach zwei Wochen taucht „seine" Seite bei verschiedenen Suchbegriffen auf den vorderen Plätzen bei Google auf. Von Seite 1 bis Seite 5 ist alles dabei. Die Kundenseite dagegen ist auf keiner dieser Suchergebnisseiten zu finden. Wow! Und das aus dem Stand. Bei einer Keyword-Kombination ist sein Projekt sogar auf Seite 1 gelandet.

Domain kaufen

Der Kauf einer „alten“ Domain – auch für den kleinen Geldbeutel – ist bei Plattformen wie Sedo möglich. Wer also ein neues Webprojekt in der Pipeline hat, ist gut beraten, eine „reife“ Domain zu kaufen – anstatt eine neue Domain zu registrieren. Wer die eigene, neuere Domain gegen eine gekaufte austauschen möchte, muss sich allerdings über die technischen Prozesse schlau machen und einiges an der Datenbank (MySQL-Bereich des Providers) ändern.

„Hammer! Das ist eine Sache, die ich gar nicht auf dem Radar hatte. Und davon erzählst du mir so nebenbei?“ André kneift das Gesicht zusammen. „Ehrlich gesagt, hatte ich das selber nicht mehr so auf dem Schirm. Heute morgen habe ich noch mal das Ranking gecheckt...“ Er ist guter Dinge: „Siehste, man kann also seine Website auf eigene Faust nach vorne bringen – auch ohne SEO-Agentur. Das ist doch lässig.“

Jetzt Du!

Wenn Du einen ganz neuen Webauftritt starten möchtest, überlege dir, ob Du vielleicht noch eine alte Domain in petto hast. Kaufe dir eventuell eine alte Domain bei einer Handelsplattform. Die Preisspanne reicht von schlappen fünfzig Euro bis zu vierstelligen Summen. Wobei wir stark davon ausgehen, dass die teuren Domains eher Ladenhüter sind – nicht unbedingt wegen der Qualität, sondern weil nicht viele „drei Riesen“ für einen Domainnamen ausgeben möchten oder können.

Kapitel 8
Fakten für Verbraucher: Die Quintessenz

Für Fans des Pareto Prinzips (die berühmte 80/20-Regel) und alle, die gerne taktisch an Dinge herangehen, versuche ich André eine Top-Five zu entlocken.

André bremst (Surprise, Surprise!), reitet auf Bedenken rum. Nach dem Motto: Man muss da schon ganzheitlich ran gehen, es ist ein System, die Summe der Maßnahmen macht es. Wie bei der Formel 1, da bringt es auch nix, wenn nur die Reifen perfekt sind. Ja, ja, so leicht gebe ich nicht auf. „Stelle dir vor, jemand hat nur eine Stunde in der Woche Zeit und möchte diese möglichst effektiv einsetzen." André: „So ein Quatsch. Jeder hat die gleiche Zeit zur Disposition. Die Frage ist doch nur, was er damit anstellt." Ich merke, dass ich so nicht weiterkomme. „Gut, dann stelle dir jetzt mal vor, dass das Mikro aus ist und alles was du sagst, *off the record* ist. Ich hätte einfach gerne so eine Tacheles-Liste." Er merkt, dass ich mich festgebissen habe und fängt zögerlich an, die zeiteffektivsten Aktionen aufzuzählen. Hier also seine Top-Five:

1. Die Startseite Keyword-optimieren. Faustregel: Die Keywords sollten auf der Startseite im Fließtext mindestens vier, fünf Mal auftauchen.
2. Den Startseitentext in Abschnitte aufteilen und jedem Abschnitt eine Zwischenüberschrift geben. Auch in diese das Keyword bzw. die Keywörter einpflanzen.
3. Wenn irgendwie möglich, das Keyword schon im ersten Satz des Startseitentextes unterbringen.
4. Direkt aus dem Startseitentext heraus auf Keyword-relevante Unterseiten verlinken. Eventuell müssen diese Unterseiten noch anlegt und betextet werden.
5. Diese Unterseiten-Adressen (URLs) sollten ebenfalls die Keywords enthalten.

Und nun für alle, die nicht unter Zeitdruck stehen, eine Punkt für Punkt Bewertung, was uns die einzelnen Aktionen gebracht haben. Denn für alle Leser bleibt die Frage interessant, wie ich mit möglichst geringem Aufwand möglichst schnell bei Google nach oben klettere.

André: „**Onpage-Optimierung** ist für mich ganz klar der Favorit. Sie ist zeiteffektiv und verspricht den größten SEO-Erfolg (siehe Kapitel 6). In der Top-Five, die du aus mir rausgequetscht hast, geht es ja auch nur um Onpage. Ich kann das Klischee *Content is King* voll und ganz unterschreiben. Zudem liegt alles in der eigenen Hand – will sagen: Ich bin vollkommen autark in meiner Arbeitsweise und muss zum Beispiel nicht darauf warten, dass mir jemand meinen Artikel in einem Webverzeichnis freischaltet. Wer also für reichlich themenrelevanten Inhalt in Textform sorgt, erhöht seine Chancen dramatisch. Blogs sind dafür wie geschaffen. Der Begriff Blog kann dabei in die Irre führen; bei einer Wordpress-Website kann das ganz einfach eine nicht-statische Seite sein, auf der wir regelmäßig News/Neuigkeiten/Aktuelles posten. Als Fotograf poste ich dort ein paar Bilder von meinem letzten Job. Darunter schreibe ich drei lockere Sätze – Keywords bringe ich ins Spiel, wenn es nicht zu hanebüchen ist. Bei Blogs gilt übrigens: Eine lässige Sprache, Selbstironie und Humor sind willkommen. Die Texte müssen nicht auf einem journalistischen oder gar literarischen Niveau sein. Stilistisch sauber, interessant und weitgehend fehlerfrei sollten sie aber schon formuliert werden.“

Christian: „Als Texter weiß ich aus meinem Alltag, wie unsexy Schreibaufgaben für viele Menschen sind. In der Schule schon lästig, im Beruf nicht willkommen. Solche Schreibblockaden lähmen den ambitionierten Webseitenoptimierer. Denn leider muss ich es ganz schulmeisterlich sagen: Was soll Google mit einer Website anfangen, die keine **Inhalte** transportiert? Wo entsteht dann der Informationswert für den Besucher? Wir kommen also nicht wirklich darum herum, mehr Textinhalte auf unsere Website zu setzen. Gegen Schreibblockaden sind ja zum Glück Kräuter gewachsen.“

André: „Wir haben auch erfahren, dass **Backlinks** bei weitem nicht den Einfluss auf das Ranking hatten, wie die SEO-Agenturen gerne behaupten. Klar sind Empfehlungslinks gut – aber auch dafür braucht man leserorientierten Content. Die Reihenfolge sollte also sein: Erst die Website onpage optimieren, dann nach Backlinks suchen. In unseren Tests haben wir allein durch eine gründliche Onpage-Optimierung Sprünge von bis zu 30 Plätzen erreicht. Und das innerhalb von wenigen Wochen. Klingt zwar märchenhaft, war aber so. Viele Backlinks gleich gute Google-Position ist für uns keine gültige Formel. Wir kennen auch *Einserkandidaten* mit weniger als 50 Backlinks."

Christian: „Eine Website, die auf einem **CMS-System** wie Wordpress basiert, erlaubt es, unkompliziert Inhalte zu schaffen – von jedem Rechner der Welt, ohne HTML-Kenntnisse und so geschmeidig wie in Word. Man loggt sich einfach auf seiner Website ein und kann sofort neue Beiträge anlegen. So kann der Geneigte auch an einem lausigen Tag an der Riviera seine Website mit einem neuen Text „tunen". Wir haben uns bei unseren Recherchen auf Wordpress konzentriert und die Erfahrung gemacht, dass man dort die schlauesten SEO-Strategien leicht umsetzen kann. Wordpress ist die mit Abstand am meisten eingesetzte CMS-Software für Homepages. Hier scheint sich ein Standard ähnlich wie bei den Betriebssystemen OS X von Apple und Windows von Microsoft zu etablieren. CMS-Systeme geben *power to the people*: Noch nie war es so machbar, eine schicke Website zu erstellen, ohne den Gegenwert eines Vespa-Rollers zu investieren."

André und Christian: „**Social Media Marketing** ist interessant, um die Bekanntheit und die Klickzahl zu erhöhen. Wer es vermag, fantastischen Content auf seinen Social Media

Kanälen wie Twitter, facebook usw. zu erzeugen, kann so bestimmt auch Backlinks generieren. Der große Hype um Social Media als SEO-Muss ebbt aber langsam ab. Die Wirksamkeit ist mittlerweile in Fachkreisen *nicht unumstritten* – verzeiht mir die diplomatische doppelte Verneinung. Der Nutzen hängt aber ohnehin stark vom Produkt oder der Dienstleistung ab. Die Kernfrage: Kann ich langfristig glaubwürdigen und für die Community nutzbringenden Content bereitstellen? Bin ich bereit, mich dem Feedback der Teilnehmer ernsthaft und wertschätzend zu stellen? Eine facebook-Seite oder ein Twitter-Account wollen regelmäßig gefüttert werden – ansonsten verschwinden sie schnell im digitalen Niemandsland. Wir haben dieses Gebiet bei unseren Selbstversuchen komplett ignoriert. Social Media hätte einen zu langen Beobachtungszeitraum erfordert und wäre letztlich zu komplex gewesen, um allgemeingültige Thesen zu extrahieren. Ergo: Für reines Google-Ranking spielt Social Media nur dann eine Rolle, wenn man es hin bekommt, durch die sozialen Medien die tatsächlichen Zugriffe auf die eigene Website deutlich zu erhöhen. Und das ist kein leichtes Unterfangen. Unsere Meinung: Schreibe lieber einen Keyword-relevanten Blogbeitrag als ein spritziges facebook-Posting, das nicht direkt mit deinen Keywords zu tun hat.“

André: „Die etwas verwegene These, dass das

Alter einer Domain unser Google-Ranking beeinflussen kann, hat sich bei unseren Experimenten in einem Fall zu 100% bestätigt. Wenn on- und offpage alles optimal eingestellt ist, könnte das Domainalter das Zünglein an der Waage sein. Ehrlich gesagt hat uns diese Erfahrung erstaunt. In SEO-Kreisen wird dieses Phänomen nämlich kontrovers diskutiert. Eine Idee könnte hier sein, sich auf Plattformen für Domainhandel umzuschauen. Wer damit leben kann, kauft sich dort eine bereits länger registrierte Domain. Die Preise für solche Domains fangen bei etwa €50 an."

Christian: „Die **Konkurrenzanalyse** ist keine leere BWL-Phrase; sie sollte immer der allererste Schritt sein. Wenn man beispielsweise das Pech hat, in einer Branche zu agieren, wo sich Global Player tummeln, wird es schweißtreibend, gegen *das Kapital* anzustänkern. Trotzdem ist es immer noch besser, sich gleich hinter den Riesen zu platzieren, als irgendwo in der Google-Wüste (zum Beispiel auf der Seite 7 der Suchergebnisse) zu vertrocknen."

André: „Noch eine Sache möchten wir mit unseren Lesern teilen: Keines unserer Webprojekte gehörte zu den sogenannten **Keyword-Domains** (soll heißen: das Keyword ist schon im Domainnamen enthalten). Auch bei den SEO-Profis wird dieser Aspekt relativiert. Es gab

Zeiten, da haben die Experten darauf geschworen. Durch die stetige Anpassung der Algorithmen bei Google ist dieser Faktor wohl nicht mehr wichtig. Das ist eine gute Nachricht für alle, die ein neues Webprojekt starten und sich Sorgen machen, weil sie keine Keyword-Domain mehr ergattern konnten. Die sind ja in aller Regel schon lange vergriffen."

Christian: „Ich möchte auch noch eine persönliche Erfahrung teilen. Mir ist es so gegangen, dass ich mächtig beeindruckt war von den Platzierungen meiner Kollegen. *Da komme ich doch nie dran vorbei, dachte ich.* Beim Ausprobieren merkte ich dann, wie auch auf der Seite 1 von Google nur mit Wasser gekocht wird. Probieren geht hier wirklich über Studieren. Eine Zeitinvestition in Optimierung lohnt sich meines Erachtens immer. In einem unserer Experimente ist es gelungen, von einem formidablen Platz 4 noch auf Platz 1 zu springen – was wir nicht für möglich gehalten hätten. Wenn dann noch häufiger das Telefon klingelt und mehr Aufträge reinkommen, schließt sich der Kreis."

André und Christian: „Bei manchen von euch muss die Webseitenoptimierung wohl leider ein Dauerbrenner sein, weil die einmal erreichte Position ohne anhaltenden Einsatz nicht gehalten werden kann. Wir haben aber auch erlebt, dass sich ein Webauftritt nach einer einmaligen, gründlichen Optimierung auf einem guten Platz festbeißt. Ihr müsst also nicht den Rest eures Lebens mit SEO verbringen!“

Onpage
Onpage
Offpage
1
2
3

Case Study

Mein Name ist Moritz Maier, ich lebe und arbeite als Filmmusiker und Tonstudio-Betreiber in Köln. Wie viele Freiberufler mache auch ich gerne einen großen Bogen um das Thema Akquise. Auf meiner Webseite www.moritzmaier.net gibt es ein paar Klangbeispiele und einige wenige Infos über meine Person. Da ich die Webseite aber fast nie aktualisiere und auch meinen integrierten Blog sträflich vernachlässige, ist die Seite entsprechend schwer bei Google zu finden. Anfragen von potenziellen Kunden kommen darüber fast nie! Als Christian mir vom Thema SEO und seinem Buch erzählte, war ich daher gerne bereit, die Guerilla Taktiken der beiden Autoren auszuprobieren.

Da ich wie viele Kreative viele verschiedene Dienstleistungen anbiete, war mir nicht ganz klar, auf welche Suchkriterien hin ich meine Webseite optimieren sollte. Erste Recherchen waren ernüchternd. Sowohl die Kombination „Tonstudio + Köln“ als auch „Mastering + Köln“ oder „Filmmusik + Köln“ zeigten, dass meine Webseite von Google überhaupt nicht gefunden wird. Nicht auf der ersten Seite, auch nicht auf der zweiten und auf keiner weiteren.... (Google zeigt übrigens 15 Ergebnisseiten an, ich habe es ausprobiert.)

Hier ist also meine „SEO-Story“:

Tag 1: Ich begann zunächst damit, meine Konkurrenz zu analysieren: Welche Begriffen tauchten bei ihnen immer wieder auf? Welche Rubriken verwenden deren Seiten? Mit diesen Erkenntnissen bewaffnet, begann ich den Text meiner Startseite zu optimieren. Danach änderte ich den Titel einer Unterseite, die von nun an „Tonstudio“ statt "Studio" hieß.

Tag 2: Meine Neugier ließ mich bereits am nächsten Tag erneut googlen. Und siehe da, nach ein wenig stöbern in den Google - Suchergebnissen tauchte meine Webseite bei den Keywords „Tonstudio + Köln“ plötzlich auf Platz 57 auf! Nach nur einem Tag warten und ungefähr zwei Stunden Arbeit. Mein Ehrgeiz war geweckt! Da geht noch mehr! Flugs wurden daraufhin alle Einträge in meinem Blog (immerhin ca. 20) überarbeitet. Ich achtete nun darauf, meine Keywords in jedem Beitrag unterzubringen. Ganz einfach etwa, indem ich z.B. unter jeden Eintrag schrieb: „Gruß aus Köln“ und immer von Tonstudio statt Studio sprach.

Tag 6: Diesmal wartete ich vier Tage, bevor ich wieder nachschaute. Zu meiner großen Überraschung sah ich folgende Ergebnisse:

Tonstudio + Köln: Platz 25
Mastering + Köln: Platz 17
Filmmusik + Köln: Platz 9

Jetzt war ich natürlich erst recht von den Strategien des Buches überzeugt und begann auch, alle weiteren Beiträge auf der Seite zu optimieren und neu zu benennen. Auch Dinge wie die Meta-Descriptions füllte ich nun bei allen Beiträgen aus. Bilder wurden aussagekräftig benannt usw... Nach und nach arbeitete ich so die ersten sieben Punkte der To-Do-Liste ab – also diejenigen, die sich mit Onpage-Optimierung beschäftigen.

Tag 14: Nach gut zwei Wochen überprüfte ich wieder mein Google Ranking bei den einzelnen Keyword-Kombinationen. Sehr überrascht war ich, dass sich das Ergebnis bei "Mastering + Köln" nochmals so extrem verbessert hatte. Die entsprechenden Keywords kommen nur zwei oder dreimal auf meiner ganzen Seite vor. Hier scheint also viel SEO-Potenzial vorhanden zu sein. "Tonstudio + Köln" hingegen stagniert auf Seite 3, obwohl ich diese Keywords massiv eingebaut hatte.

Tonstudio + Köln: Platz 23
Mastering + Köln: Platz 6
Filmmusik + Köln: Platz 15

Ich machte noch einige weitere Experimente und Änderungen. Ungefähr bei diesen Werten pendelte sich mein Ranking in den folgenden Wochen dann ein.

Fazit: Da ich anfangs nicht ganz sicher war, auf welche Suchkriterien hin ich meine Seite optimieren sollte, habe ich das einfach parallel für die drei oben genannten Kombinationen gemacht. Ich gehe davon aus, dass nur ein Ranking auf der ersten Seite bei Google langfristig zu Anfragen führt. Deshalb werde ich meine SEO- Bemühungen in Zukunft auf die Keywords konzentrieren, bei denen ich schnell weit nach vorne kam. Bei mir war das die Kombination "Mastering + Köln".
Bei "Filmmusik + Köln" hingegen konkurriere ich unter anderem mit der Filmmusik-Legende Ennio Morricone, der bald in Köln ein Konzert gibt oder dem Filmmusik Kongress "Soundtrack Cologne". Das ist überhaupt nicht meine Konkurrenz, trotzdem blockieren diese Webseiten die wichtigen Plätze auf der ersten Seite. Ähnlich verhält es sich mit "Tonstudio + Köln".

Noch eine kurze Anekdote am Rande: Nach ein paar Tagen meines SEO-Tests bekam ich eine Anfrage für einen Job über meine Webseite. Als ich dem potenziellen Kunden zurückschrieb, fragte ich ihn, wie er denn auf mich aufmerksam geworden sei. "Na, über eine Google-Suche" kam prompt die Antwort. Er habe nach "Tonstudio + Köln + Mastering + Logic Pro" gesucht. Gleichzeitig versteht sich! Wenn man diese, zugegebenermaßen etwas unkonventionelle Suchanfrage bei Google eingibt, lande ich doch tatsächlich auf Platz 1...

Wir wünschen euch beim Experimentieren mit unseren *Forschungsergebnissen* gutes Gelingen, viel Erfolg und das hoffentlich gleiche breite Grinsen, das wir hatten, als eine unserer Websites zum ersten Mal auf die vorderen Plätze gesprungen ist. Wenn ihr Lust habt, schreibt uns eine Email an info@guerilla-seo.de – wir freuen uns auf eure SEO-Story!

5219784R00066

Printed in Germany
by Amazon Distribution
GmbH, Leipzig